Ojalá hallarnos llenos de olvido

Martín Lucía

Colección Extravaganza – Poesía

Ediciones En Huida

Coordinador editorial: Ediciones En Huida
Maquetación: Martín Lucía (mediomartin@yahoo.es)
ISBN: 978-84-126944-0-6
Depósito Legal: SE 518-2023

Contacte y haga su pedido (sin gastos de envío):
ventas@edicionesenhuida.es

Índice

Ojalá hallarnos llenos de olvido

Martín Lucía

A Covadonga.
A Carlota.
A Carmen.
A Turrón.
Siempre

Paseabas frutal un abismo cotidiano…

Está en mi corazón
la virtud de la pérdida.
Silenciosa,
como la lluvia
que se desploma
en mitad de los océanos.
Luz sucia me alumbra
desde el pecho.
Luz que nace
desde la sombra.
Luz que nace
herida de muerte.
Aprovecharé este lento tránsito.
Llenaré tu pelo de sueños.
Que serán los míos,
que serán flor de ausencia.
Haré arder la sangre.
La llenaré
de estrellas muertas.
Vergel de luz deudora.

Cartografía de lo que somos,
gramática de lo que no seremos.
Fractura en el horizonte.

A veces, la muerte
se presenta precipitada.
El pájaro, que en la acera
ahora se descompone,
ayer volaba excelso
y se comportaba como sol
en mundos mínimos.
Te llamo
y así te materializo.
Riego con tu nombre
mis cicatrices
y las baño de primavera.
Es mi modo
de decirte te amo
sin sílabas en el viento.
Un pájaro
acaba de posarse
en mi hombro
y lo presagia todo.

Los labios florecidos de ataúdes.

Y, aun así, vivaces tus besos.
Amándonos sin nombres,
a veces furtivos;
hostiles, incluso.
Pero en deseo.
Porque siempre fue así.
Llevabas invierno en la sangre.
Rota de vida,
brote de presagio.
Y yo la tomaba,
tomaba tu vida.
Y la hacía mía.
Y, entonces,
mío era ese invierno.
Y esa sangre
de vida descompuesta.
Y, sin conciencia,
iba deviniendo en hueso sin aire,
en anidar de otoños.

Brote de negritud.
Sigiloso.
En secreto.
Un día.
Y otro.
Hasta que fui invierno todo.
Y quedé en mí,
ya con largo cansancio,
con desconocimiento.
Porque siempre fue así.
Con lentitud.
Sin alharacas.
De desamor en silencio.

Otra vez los labios
sobre la piel ajena reposados.
Y ésta ahora tornada
en explosión de aspereza.
Y el adiós previsible.
La boca rehecha en frío barro.
Vergel inverso como distancia,
como espacio entre los cuerpos.
La ceniza plena de luz.
Las manos deshaciendo memoria.
Y, yo,
sosteniendo
tu nombre.

«Toda raíz que profundiza en la tierra
antes fue pájaro»,
José Ángel LÓPEZ JIMÉNEZ

Acoges primaveras.
Jardín sin cipreses.
Ingrávidas las ramas
que en ti vertebran.
En ti, primaveras.
Ingrávido,
también, tu pelo,
viento que oscila,
nube errante,
matiz del agua.
Cada bucle
que en ti serpentea
hace oleaje,
mueve mareas en mí
y anega los huecos
que otoñaron en incertitud.
Cada caricia que en ellos acojo
antes en ti fue primavera.

«Te doleré»,
me decías.
Vacíabame de sangre
y me fluían ortigas.
«Toma el aire en piedra»,
me volvías a decir.
Y yo me erguía en profundidad.
«Tienes en tu boca
el dolor de los instantes»,
te respondía.
Entonces llenabas de tiempo,
vertebrabas de abandono
e inventariabas, en silencio,
cada uno de los días
que ya habías decidido
no entregarme.

Una vela. Su luz.

Y la sombra.

Yo, a un lado.

Tú, al otro.

Una vela.

Su llama.

Su consumo.

Yo y tú.

Besos, sofá.

Caricias.

Palabras.

Una vela.

Su luz.

Y, al final,

la oscuridad.

Amanece.

La luz procura el descanso
que no habitó en la sombra.
Amanece.
Al fondo veo el camino.
El muro blanco.
El ciprés.
Al fondo me veo.
Mis ojos me miran desde afuera.
Amanece.
Queda el dolor por lo asumido.
Un cajón sin fotos.
Una luz que lo oscurece todo.

Oscurece,

pero no es la noche.
Oscurece.
Un color negro abismo
enhebra mis costillas.
Oscurece
entre un descenso.
Pero no es en la luz.
Oscurece
en dirección al dolor.
Infalible la noche
sé que llegará.
Pero ahora ya oscurece.
Y es en mí,
que no es en la luz,
que se marchará,
también infalible.
Como si tu deseo fuera.

Existe un vacío rehuido
justo bajo este equilibrio del cielo.
Es un vacío lleno de arañas laboriosas
que unen en silencio
cuerpos que no se conocen
y luchan por no tocarse.
Es un vacío que hace calles y avenidas,
que hace centros comerciales.
Existe un vacío rehuido
que, poco a poco, nos toma.
Un vacío en forma de pecho,
justo bajo este equilibrio de todo el cielo,
y que hace años que anda murmurando
cada uno de nuestros nombres.

Ahora lo sé:
tú mirabas como quien mira
el aire ajeno.
Y tus ojos no sabían de mí,
ni de este pecho
revolado de tu nombre.
Ahora lo sé:
tú mirabas como gesto mecánico,
como acto administrativo.
Tú ya no estabas.
Y yo lo sé ahora.
Pero, en este momento,
siendo tarde…
ahora ya no importa.
Porque yo soy en ti,
en tu recuerdo,
en esta necesidad de no perderte,
de saber quién sigo siendo.

Un lenguaje roto de silencios.
Asunción de lo venidero.
Así cohabitábamos.
En la impostura
de lo efímero y consentido.
Yo miraba un punto indeterminado,
los ojos formando un conjunto vacío.
Los ojos sin órbita,
apenas sin cuerpo.
Miraba al vacío
para a ti no mirarte.
Para no mirar la pérdida,
lo perdido.
Que eras tú,
aún presente,
aún conmigo,
pero ya marchándote.
Es por eso que nos hablábamos
con un lenguaje roto de silencios,
para evitar palabras como adiós,

para atar al tiempo
este amor
que nunca habló
de mañana.

Pertenecíamos al olvido.
Quizás al inicio,
cuando un huracán era el pecho,
quizá entonces,
nos pertenecimos.
El uno en el otro.
Al inicio.
Pero la sangre se colmó
de la ausencia de tu nombre.
Y tu corazón devino en antimateria
(latía el eco
de la noche
que no abrazará alba).
Y, entonces, comenzamos
a pertenecer al olvido.
El ardor flamígero
era verbo diluido,
ya no llama.
La memoria como rescoldo,
también como escenario
para los días en espera.

El invierno silabeó nuestro nombre.
Y ya, para siempre,
pertenecimos al olvido.

A propósito de mí.

Me dolías.
Porque también la presencia duele.
Y estabas, pero eras ausencia.
Vivías anticipada a tus pasos.
Y yo te hablaba.
Y azul me respondías.
Hoy eres llaga.
Entonces eras herida
en desarrollo,
en venida.
Hoy lo asumo.
Y lo hago
sobre un vacío
que tu perfil lleva.

A propósito de ti.

Te sentabas sobre el aire.
Y lo hacías brisa.
La tarde lloraba ocasos,
pero permanecía.
Tu nombre era yedra
en mi garganta.
Y yo te llamaba,
para que vinieras
sin aún haberte ido.
Tus pupilas tenían
restos de invierno.
Las mías, de alas.
A veces nos llorábamos.
En el fondo,
nos dolía ese desenlace
que se erigía en vértebra.
El horizonte era una sala vacía,
una soledad con nombre,
el amor
caminando en círculos.

«El mar desnudo en tu cuerpo»,
Aurora Luque

Un inmenso mar en un vaso.
Así recuerdo tu cuerpo.
Infinitud y límite.
Mas, otras veces, tu boca
era pleno otoño.
Herido aquel mar desnudo
que era tu pecho,
tu corazón, en tonos malva,
negaba mi nombre.
La soledad, entonces,
traías entre las manos.

Hacías inviernos.
Brotaba el agua
como si todo fuera nube
de hebras rojas compuestas.
«No me sueltes,
no ahora.
Apenas soy yo mismo»,
te decía.
Atropellabas el aire.
Y, mientras tanto,
el amor, la hebra y la muerte.
Y el sudor frío
descendiendo,
en silencio,
nuestras espaldas.

Yo te acariciaba sin aire
en la noche hecha de labios
envueltos en jacintos.
Llanto nocturno,
mar en la noche,
ausencia.
Principiaba el amor.
No negaré
que he elegido este dolor.
El aire frío,
en este momento,
me procura conciencia.
Al menos,
allí donde huele
mi cuerpo a tierra,
nada llora.

Íbamos a ver el mar.
Y veíamos que iba,
que venía.
Su eco de agua.
Era invierno.
Caía el invierno
sobre el agua.
Pero, ciertamente,
lo estaba haciendo
sobre nosotros.
Veíamos el mar,
su sal y su iodo,
su vaivén,
su modo de irse
sin haber marchado.
Estaba cayendo el invierno
sobre nosotros
y, sin embargo,
nos creíamos agua,
mar,
sal,
iodo.

Y creíamos
que curaríamos
el uno
al otro.
Ya el tiempo caído,
sobre esta habitación,
me trae el mar,
el invierno,
nosotros.
El amor nos procura promesas
para poder incumplirlas,
para poder perdonar.
No fuimos agua.
Ni sal. Ni iodo.
Aunque sí vaivén.
Ida y venida.
Sutil distancia.
Vaivén en crecimiento.
Hasta hacernos mar
e invierno.
Así, por separado.
Hasta hacernos
crecimiento de olvido.

Y el mar prosiguió
su canto horadado.
Sin oírnos.
Aunque ahí estuviéramos.
Agua, sal, iodo.
Olvido.

El asombro sin fracturas.

Así al inicio.
Nos hubiera dolido morir
allí,
entonces.
Allí,
entre enjambres de aire.
Pertenencia a lo eterno.
Luciérnagas en los ojos.
Anémicos de muerte.
Las manos amasando tiempo,
haciendo memoria.
El alboroto propio silenciado,
mientras se confundían los latidos.
Los cuerpos en proximidad.
Era entonces.
Allí.
El sol hecho vértebras.
Allí.
Entonces, en ese momento,
nos hubiera dolido morir.

Me cubro de lluvia.
Cae tras los cristales.
«El agua nos trae la melancolía
de lo que no pudimos ser»,
me decías
cuando la lluvia nos alcanzaba.
Entonces te perdías en mí.
Nos confundíamos.
El uno en el otro.
La lluvia nos traía silencios.
Vientres como arriadas.
Nos llovíamos.
Hoy me cubro de lluvia.
Es este agua ahora
tu mano,
mi pecho,
nuestro recuerdo.
Mi soledad.

Nació un panal.
Sin miel.
Fue en tu boca.
Aun así,
pese a la sequedad,
fui a ella.
Hubieran nacido
las vértebras del desierto,
así hubiera nacido,
incluso,
la palabra decrepitud,
y yo también hubiera
a ella acudido.
A tu boca.
Lugar de encuentro,
punto de luz,
punto final.
Quizá debiera
haberte mordido,

quizá debiera
haber hecho
brotar la sangre.
Sangre entre nuestros besos.
Sangre intentando
limpiar lo que nació
envuelto en olvido,
dolor,
adioses.

Del dolor, sin embargo.

Me hablabas.
Inadvertida.
Con palabras y serpentina,
con color en los labios.
Me hablabas.
Frutal.
Con sílabas y tiempo,
con lluvia en los silencios.
Me hablabas.
Con los ojos.
Con las manos.
Con la boca.
Haciendo de amor el verbo.
Y lo hacías del dolor,
sin embargo.

Vals de notas blancas.

Nos besamos.
Hay aves
de cielos expectantes
que traen la belleza
dentro de nuestras bocas.
Nos besamos:
agua y seda blanca
en el cielo de la boca.
Nos besamos eternos.
Sin embargo,
nadie nunca nos dijo
que todo era anuncio de ceniza,
ópalo en los labios,
clamor de olvido.
Nadie nunca nos dijo
que nunca, jamás,
hubo eternidad
en nuestros besos.
Nadie nunca nos dijo
que nadie más sabría

de ellos,
del agua,
de la seda blanca.
Así sucedió en todo.
Ahora sólo me quedan
las noches
de pólvora amanecidas,
las alas plúmbeas sin vuelo
y una habitación
donde se acompasan
soledad y miedo.

… y yo, sin embargo…

Ojalá hallarnos llenos de olvido
y, sin embargo, plenos de memoria.
Ojalá encontrarnos amplios de mañana,
andándonos descalzos,
sinceros,
en amor.

¿Por qué no vuelves a casa?

La oscuridad ha cegado a las palomas
y los niños, de nuevo, sonríen
cuando cede la tarde.
Ven. Vuelve.
Ya no hay razones en tu ausencia.
En las habitaciones he colgado
fotografías de estrellas fugaces.
Yo las hice.
Y puse tu nombre
a cada una de ellas.
Ven. Vuelve.
Ya cae cierta el alba.

Esta muerte inacabada en mí,
plural de abismos.
No obstante,
la vida aún intacta.
Lléname de luz,
llena cada ausencia,
que ahora son distancia,
con ese perfil de confeti
que siempre adornó tu idea.
Llena de luz
esta muerte aún en tránsito,
esta proximidad de los abismos,
este modo de vivir
a la espalda de tu nombre.

En fragilidad te entiendo.

Te necesito creer frágil,
rota por el invierno.
Y, sin embargo,
sé que sigues ahí,
sustentada en ti misma.
Te sé perenne en la constancia,
mientras yo sigo aquí,
lleno de certitudes
que me quiebran.
Te entiendo en fragilidad,
así te visualizo.
Mas, también, resistiendo.
Y yo, aquí,
en dirección contraria
a mí mismo.
Ojalá ahora en mí
tu vientre
y esa distancia,
erguida en temblor,
que siempre acababa cediendo.

Mi pecho,

campo de cipreses,
mártires,
ríos sin agua.
Un niño lo pasea.
Lleva mi nombre.
El olvido ahora es sangre.
Me deshago de ella.
Mañana será otro día.
Su alba me promete tu canto.

Oscuro,

casi ocre.

Tal vez, negro.

El aire ausente,

quiebra de vida.

Sollozo a lo lejos.

La voz entrecortada,

casi enterrada de arena

y pesar.

Así la vida.

Así, me resisto a olvidarte.

A eso de la casi ausente luz,
cuando balbucea la voz del ocaso,
niños juegan en la calle próxima.
En sus manos de arena,
entre lunas y soles,
van creciendo sepulcros blancos.
Yo los observo
tras el cristal.

A eso de la casi ausente luz,
en sus manos,
con la laboriosidad del insecto
va creciendo la duda
de si es tarde o noche.
Yo me vuelvo y te busco.

Tú,
luz,
guía,
refugio.

He prendido fuego
a aquel árbol
que entre ambos
sembráramos.
Primero han ardido sus ramas
(esas que besarían las estrellas).
Sus hojas también
han tomado ese tono a olvido
que tiene el fuego.
Amarillo. Quizá rojo.
Lo he mirado arder.
He mirado
cómo dejaba de ser,
para ser de nuevo.
He visto salir volando
algunos de sus pájaros
(sí, los que besaban
con su aliento el alba).
Ya no van a volver.
Tampoco esas ramas.

Ni las hojas.
Y, seguramente,
tú tampoco.
Da igual.
Miro el árbol,
ya ardido,
ya ceniza.
Somos nosotros.
Sin ramas,
sin pájaros.
No lo arrancaré.
No.
Porque somos nosotros.
Porque es lo que resta
de aquellos días
en que mirábamos los árboles
que nos habíamos dibujado
en la eternidad de nuestros vientres.

Hoy sé que este amor
se reduce a la palabra.
Que ambos desapareceréis
en cuanto no os nombre.
Queda la firmeza
de la memoria de los labios.
Yo, aquí, con tu nombre.

Observado el fin del tacto,
la nulidad de los ojos,
diré tu nombre
para vivificar lo que fuimos,
en huida de lo que hoy somos.

Te nombro
sin mediar excusa.
Para que no dejes
de existir.
Es imposible desamar
desde la complicidad
de aire y corazón.
Ha crecido un abismo
entre mi mano
y tu pelo.

La soledad se posa
en los pequeños gestos.
Colgar el abrigo, por ejemplo,
en este perchero de mil brazos;
mil brazos vacíos
que perfilan tu nombre.
Llegar,
deshojar la oscuridad,
dejar el abrigo
en un perchero
plagado de aire
y no sentirse solo.
Asumir.
(En la asunción
descansa el prodigio).
Abrirse el pecho
y extirpar las palabras
que anuncien
que tú
vas a volver.

El hueso sostenido en ceniza.

La piel, como raigambre de aspereza.

Por mi boca las mariposas,

así, en huida.

Lo inesperado.

Lo frutal.

Lo vaporoso.

También en distancia.

Tanto silencio duele.

Y el dolor arrastra.

Tu vacío: llaga en mí.

Ven donde redobla mi voz.

Y vendrás a mí mismo.

Soy herida y cicatriz.

Soy yo y el nombre que me diste.

Como la casa de la playa

en invierno.
No por cerrada,
sino por su raro orden.
Así mi espera.
Tiempo que todo lo reajusta.
Quizá, sí. Quizá, tiempo.
Sin esa luz propia del verano.
La que redimensiona
esa casa de la playa.
Así, no por cerrada,
sino por su raro orden.
En una espera
en la que no persigo tu idea
(ya sé que no volverás,
ya sé que no te encontraré
donde el dolor sucumbe
ante el alivio),
sino una luz.
Que no es tiempo.

Que no es el verano.
Que soy yo.
Una luz
que soy yo mismo.
Y la herida
que hoy me vertebra,
quizá cerrada.
O quizá como volcán,
abierta.
Mas sin sangre.
Abierta.
Y plena de luz.
Así, yo.
Esperándome.

Podría romperme.
Aquí. Ahora mismo.
Romperme. Quebrar.
Y nadie sabría nada.
Un árbol roto
en mitad de un bosque.
Y nadie lo oiría.
Podría partirme
como si mi columna
fuera una falla.
Y nadie lo oiría.
Podría huirme,
ser mi propio ocaso.
Y nadie sabría nada.
Y nadie, siquiera,
lo imaginaría.
Porque soy soledad.
Cuarenta metros cuadrados
que me recuerdan tu nombre
desde el silencio en este dolor,

desde este dolor
asido a tanto silencio.
En mí,
ya solo cabe
asunción.

Hueso.

Me reduzco a hueso.
Última expresión
de aquel cuerpo
que te albergara.
Hueso entumecido.
Transición,
también trasiego
a la herrumbre.
Si ahora me vieras,
observarías que padezco
la ortodoxia de tu marcha,
incertitud en mis designios.
Duerme la noche entre espigas.
Está el aire huido de prontitud.
Aún la escarcha con reflejo de luna.

Me follaba tu juventud.

Tu resuelto modo de recogerte el pelo,
siempre en delicado equilibrio.
Tu modo de caminar en braguitas,
por entre el aire,
también por entre el tiempo.
Así, como si nada.
Me follaba tu juventud interminable.
Que tus días vividos fueran
menos que los por vivir.
Me follaba tu boca como huracán,
tus pechos rebosantes de tersura,
tu vientre siempre expectante.
Eso fue entonces.
Cuando la luz
era la tuya.
Ahora agarro tu recuerdo
para agarrar la vida.

Para no olvidar
que, un día,
follamos tan plenos
que postergamos el dolor
a éste en el que te escribo
entre la soledad y la nostalgia,
entre la incertitud
de hacer olvido
y ser olvidado.

Días hace que no me domina
el temor a perderte.
Cuando era el tiempo en los labios,
cuando la imprecisión en el roce,
entonces, en esos días,
cuando yo decía «mi amor»
o «hemos hecho planes
con palabras en plural»,
entonces, en ese momento,
la duda, el peso de esa duda,
que no era más
que concebir tu marcha,
que atisbar,
aún muy a lo lejos,
tu neceser vacío
o alguna foto descolgada,
que albergar
mi recurrente presión
entre garganta y pecho,
entonces, en ese tiempo,
yo ya te extrañaba,

yo ya cobijaba
ese miedo a perderte
que me paralizaba
y que ahora, sin embargo,
me recuerda
que no cabe más dolor
allí donde éste
arrasó con todo.

Ahora la soledad
es una botella de vino vacía
arrasada por mí.
Ahora la soledad
es una mudez estéril,
como lo es tu nombre.
Como lo es gritarlo.
Voy vacío de palabras.
¿Para qué llamarte?
¿Para qué abrazarte con verbos?
No hay razón en la palabra
que no se posa en la piel
en la que buscas
ser sudado.
Ya no ocurres en mis manos.
Ya no sucedes en su alcance.
Y las palabras no sabrán contarlo.
Ocurre y sucede dentro de mí.

En los mapas no llueve,
ni nadie adivina
la tristeza que se esconde
en una foto que muestra sonrisas.
No. En los mapas no llueve,
ni se planearon viajes
donde los vuelos
acumulan retraso.
Yo no elegí amarte,
pero sí que me dolieses.
Yo elegí saber
de los mapas llovidos,
de la tristeza de las fotos,
de los vuelos
que acumulan retraso.
Yo elegí este dolor
que es amarte aún hoy.
Tengo la calma
que procura
la aceptación de la culpa.

«Tan transparente, tan puro
el aire en su dolor, que puedes ver
que todo cuanto amaste
se amó solo»,
JCW

Todo cuanto amé
se amó en soledad,
en las oquedades
de una vida vacía.
Porque,
todo cuanto amé,
fuiste tú.
Tú,
y tus ojos de mercurio.
Tú,
y tu verbo para conmigo
desvanecido.
Ahora te amo en obviedad:
necesito amarte
para saber
cómo seguir viviendo.

Todo cuanto amo
se encuentra
en lo que no dijiste,
en lo que no hiciste,
en lo que no tocaste.
Esto sucede ahora,
en este trayecto
que ahondo
entre el amor y las ruinas.

Entenderte así,
en huida,
partiendo.
Sin vuelta.
Entenderte
llena de distancia.
Y, aun así,
creerte conmigo.
Dolerme en esta sequía,
en este depender de ti,
para no hacerlo
de mis carencias,
de mis miedos,
de mis «yo mismo».
Este intento de avanzar
aferrándome
a la imperturbabilidad
del espacio inmóvil.
Este modo
de morir de a poco,
de vivir sin sangre.

Y será el tiempo su fin.

Y el tiempo será en sí mismo.
Y en mí hallarán inviernos,
plural de presentes,
arena con carencia de descenso.
Y será el tiempo su fin
y seguirás sin mácula
por entre mi memoria.
Erguida de recuerdo.
Imperturbable.
Marmórea.
Bella.
Será tu perfil aquel
sobre el que mi amor
resistiera.
Y yo persistiré
en esta avenida
que es el tiempo en azote,
que es el tiempo en huida,
que es la vida sin ti.

La sangre volteada,
del revés,
con ausencia de nombres en ella.
Nacimos para dejar de querernos.
Nieve en la sangre.
Tu boca, vientre de avispas.
A la espera del tiempo de no dolerme,
me hallo.
A la espera del tiempo
de amar la pérdida.
De amar pecho adentro.
De recordar el temblor y la piel,
el impás antes del beso
y el huracán que lo sucede.
De amar la huida.
De ser, pese a todo.

«Mi cuerpo me hiere
como a Dios hiere el mundo»,
Sylvia PLATH

Tu cuerpo me hiere.
La noche es un velo de párpado.
Amo más tu memoria
que tu ausencia.
Eres una herida consentida,
la llaga necesaria
para palpar que he amado.
Soy sed de herida.
Soy necesidad de tacto.
Sólo sé estar en el mundo
si sangro tu nombre.
«Nunca fue más leve la tierra
que el amor»,
me recuerdo.

Me palpo.

Y soy árbol.
Quiero ser viento.
Pero no alcanzo.
No me basto.
Soy árbol.
Y piedra.
Mas quiero ser viento.
Y que vuelvas.
También quiero que vuelvas.
Esto, sobre todo.
Y no escribir.
Porque escribir nace del dolor,
de la ausencia.
Y no quiero que me duelas,
ni que me faltes.
Por eso no quiero
tener esta necesidad
de escribir
estos versos

que nacieron
para cubrir cicatrices
tras las que el cuerpo
siempre fue diciembre.

Ojalá el olvido ensucie
tu recuerdo.
Ojalá cargue sobre ti
y rebaje tu cuerpo.
Ojalá la memoria
te deshaga.
Ojalá ya no seas nadie
cuando todo vuelva sobre sí.
Ojalá sea así.
Cayendo.
Buscándote.
Encargándose de todo.
Ojalá todo así.
Como la lluvia.
Descendiendo.
En descenso.
Cubriendo
todo aquello
que yo no alcanzo.

Ojalá el olvido
haga contigo
todo esto
que para mí
es imposibilidad.
Ojalá el olvido
ensucie tu memoria.
Ojalá sea él
quien te recoloque
allí donde yo no sé,
allí donde yo no puedo.
Ojalá el olvido
me permita seguir viviendo,
me permita olvidarte,
me permita proseguir.

El frío tomando mi cuerpo.
Haciéndose clavícula,
tórax,
esternón.
Enero en cada vértebra.
Y tú,
a la distancia de los recuerdos.
El dolor tomando cada cartílago.
Haciéndose yo.
Asomando en la carne.
Haciéndose subclavio,
pectoral.
Aflorando en la piel.
Palpando cada cicatriz,
que no es más
que tocar tu nombre.
Palpándome.
Doliéndome.
Que no es más que mi modo
de saberme vivo,
de tenerte en mí.

Vencido

entiendo que amar
era caminar un cuerpo.
Que uno no solo arrastra
huesos como hojas caídas,
que no solo se es
melancolía de febrero.
Que amar era
habitar vivencias ajenas.
Entiendo también
que nos dejamos partes propias
en quien marcha.
Vencido,
me pregunto
qué hay de ti en mí
que vertebra
esta herrumbre de pérdida,
esta sucesión de olvido,
este modo
de morir en el otro
que ahora soy.